안녕 세탁기! 깨끗하게 빨래해줘

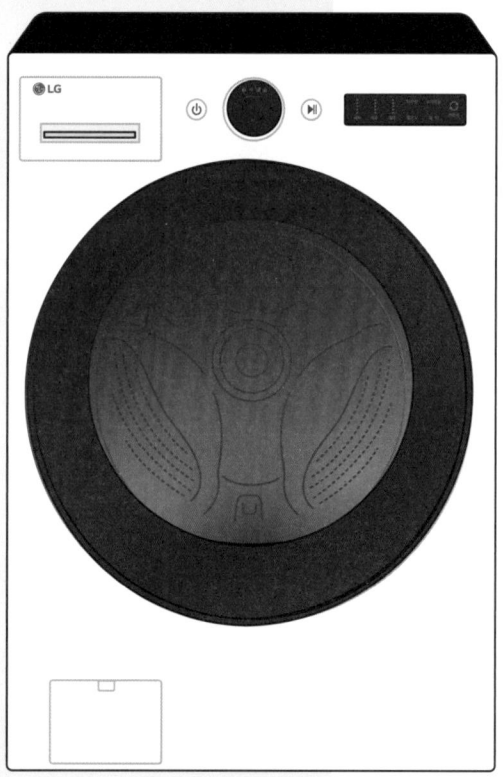

들어가며

빨래할 때 꼭 필요한 가전제품이 있습니다.
바로 세탁기입니다.

세탁기로 옷을 깨끗하게 빨래할 수 있습니다.
매일 사용하는 수건이나 이불도 빨래할 수 있어요.

이 책에는 세탁기에 대한 다섯 가지 스토리가 있습니다.
세탁기 사용 방법을 자세히 알려주는 별책도 있어요.

세탁기를 올바르고 안전하게 사용할 수 있도록
스토리를 읽으며 이야기를 나누어 보세요.

목차

들어가며
2

매일매일 깨끗한 나의 옷
6

오늘은 빨래하는 날!
26

깨끗하게 빨래해보기

50

드럼 세탁기는 어떻게
빨래를 하는 걸까?

70

세탁기,
옛날부터 지금까지
어떻게 달라졌을까?

84

별책 :
세탁기,
이렇게 사용해 보자!

매일매일 깨끗한 나의 옷

집에서 쉴 때, 학교에 갈 때,
친구들과 놀러 갈 때….
우리는 매일 옷을 입어요.

여러분은 어떤 옷을 입을지 어떻게 정하나요?
입었던 옷을 어떻게 다시 깨끗하게 만들 수 있을까요?
민아의 이야기를 읽어 봅시다.

💬 오늘 나는 어떤 옷을 입었나요?
💬 내가 제일 좋아하는 옷은 무엇인가요?

소풍 가는 날

민아는 오늘 놀이공원으로 소풍을 가요.

민아는 옷장에 있는 옷을 보면서 고민해요.

오늘 어떤 옷을 입지?

💬 나는 소풍을 가본 적이 있나요?

💬 날씨가 맑은 날에 소풍을 갈 때 어떤 옷을 입으면 좋을까요? 민아의 옷장에서 골라 보세요.

매일매일 깨끗한 나의 옷

민아는 옷을 골랐어요.

놀이공원에서 계속 걸어다니겠지?
편한 옷을 입자!
날씨가 추울 수 있으니까
외투도 챙겨야지.

💬 민아는 왜 외투를 챙겼나요?

민아는 소풍 갈 준비를 모두 마쳤어요.

다녀오겠습니다!

❝ 그림 속 민아의 표정을 살펴보세요.
민아의 기분이 어때 보이나요?

와아, 신난다!

- 소풍을 가서 즐거웠던 경험을 말해 보세요.
- 내가 좋아하는 놀이기구가 있나요?

민아가 놀이공원에서 신나게 놀고 집에 도착했네요.

오늘 재미있었나 보구나.
어서 옷 갈아입자!

민아가 더러워진 옷을
어디로 가져가는 걸까요?

세탁기로 옷을 깨끗이 빨아요!

아! 세탁기로 빨래를 하려나 봐요.

💬 우리 집에 있는 세탁기는 어떤 모양인가요?
💬 우리 집 세탁기에서 세제를 넣는 곳은 어디에 있나요?

💬 우리 집 세탁기에는 전원 버튼과 시작 버튼이 어디에 있나요?

💬 우리 집 세탁기가 작동할 때 어떤 알림음이 울리나요?

💬 세탁기는 어떻게 빨래를 하는 걸까요?
친구들과 자유롭게 이야기해 보세요.

아, 빨래가 끝났네요!
옷이 깨끗해진 것 같아요.
이제 건조기로
옷을 말릴 차례예요.

빨래한 옷을 뽀송뽀송하게 말려요

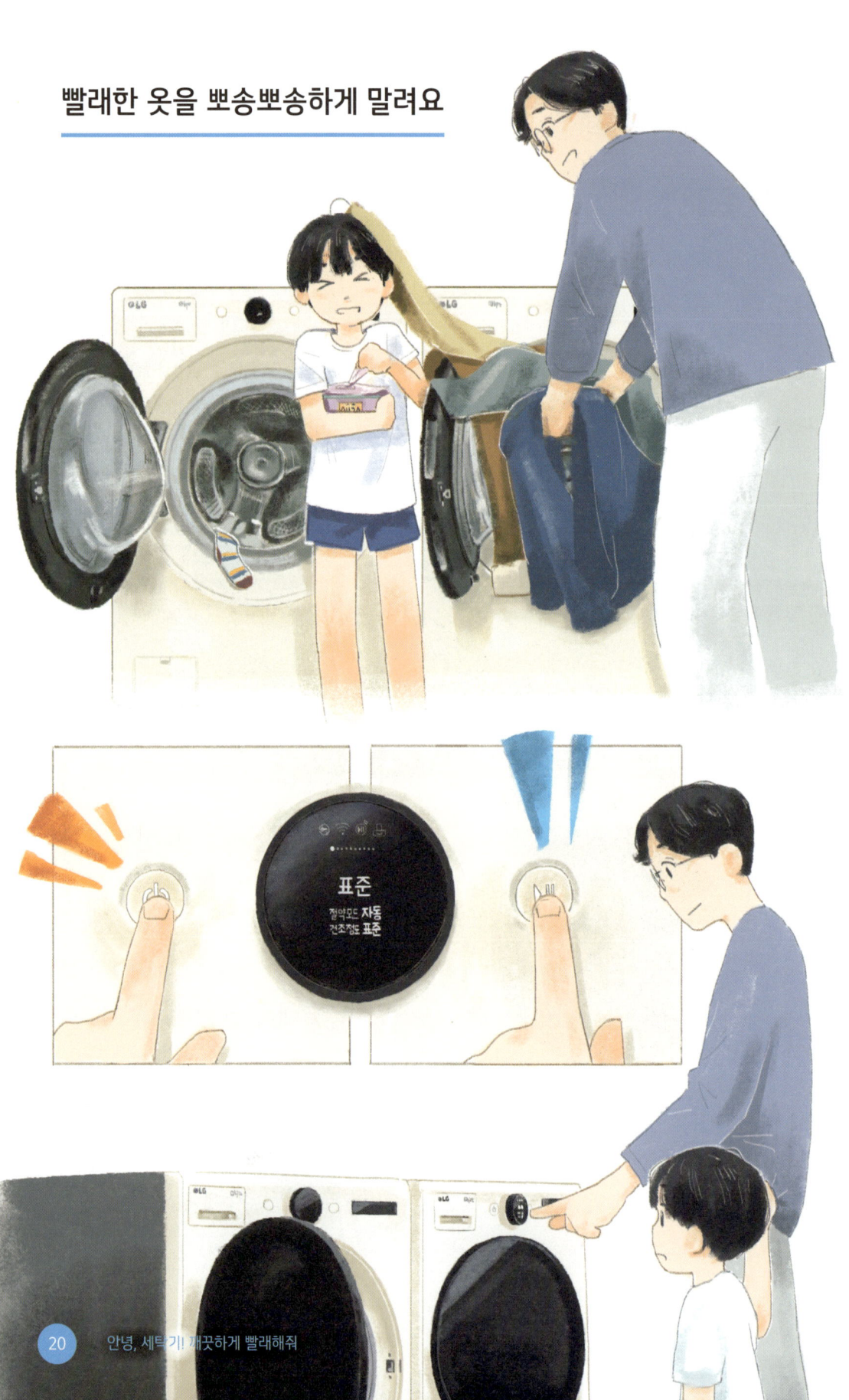

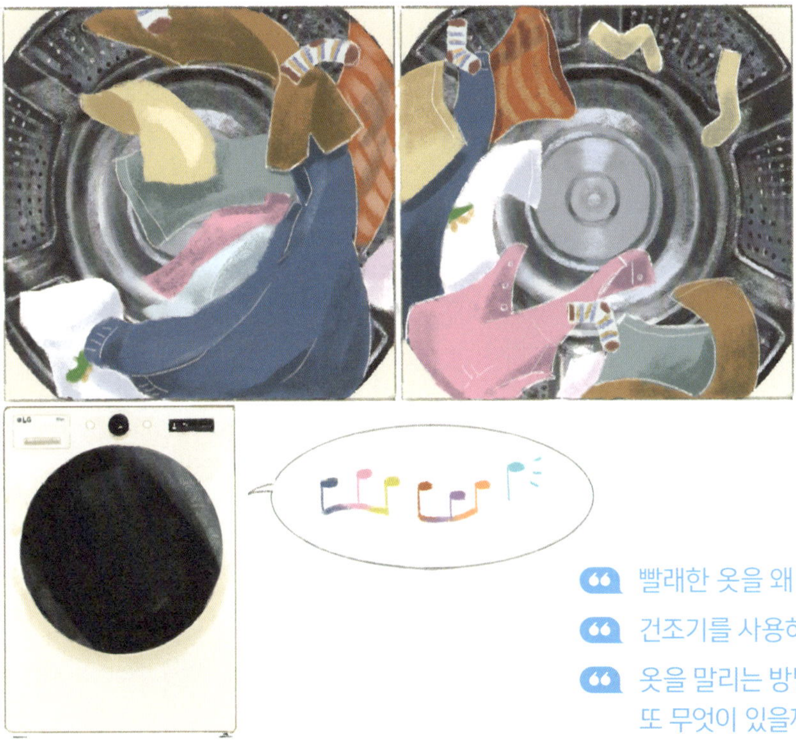

- 빨래한 옷을 왜 말려야 할까요?
- 건조기를 사용하면 무엇이 좋을까요?
- 옷을 말리는 방법은 또 무엇이 있을까요?

옷이 뽀송뽀송하게 잘 말랐네요.

옷에서 기분 좋은 향기가 나요.

- 내가 제일 좋아하는 향기는 무엇인가요?

민아가 깨끗해진 옷과 양말을 개고 있어요.

💬 내가 입는 옷을 직접 개본 적이 있나요?

💬 나는 양말을 어떻게 개나요?
　 내가 양말을 개는 방법을 친구들에게 소개해 보세요.

오늘 뭐 입지?

사람들은 날씨나 상황을 보고 옷을 골라 입습니다.

여러분도 아래 그림에서 날씨나 상황을 보고 옷을 골라 보세요.

'나의 옷장' 스티커에서 알맞은 옷을 골라 보세요.

'나의 옷장' 스티커는 쉽게 붙였다 뗄 수 있어요.
스티커를 여러 번 사용해 보세요.

💬 춥거나 더울 때는 어떤 옷을 입어야 할까요?

💬 나는 어떤 옷을 골라서 붙였나요? 친구들에게 이야기해 보세요.

💬 내일 나는 어떤 옷을 입을 건가요?
우리 집 옷장에 있는 옷을 떠올리며 이야기해 보세요.

매일매일 깨끗한 나의 옷

오늘은 빨래하는 날!

오늘도 재준이는 밖에서 신나게 놀다 왔습니다.
이런! 재준이 옷에 더러운 게 묻었어요.
옷에서 이상한 냄새도 나네요.
재준이는 무엇을 해야 할까요?

💬 나는 오늘 무엇을 하고 놀았나요?
💬 나는 어떤 냄새를 싫어하나요?

💬 재준이 옷에는 무엇이 묻었을까요?
💬 옷이 더러워지면 무엇을 해야 할까요?

오늘은 빨래하는 날!

재준이가 아빠와 함께
세탁기로 빨래를 하기로 했어요.
그런데 빨래는 어떻게 하는 걸까요?
퀴즈를 풀면서 세탁기로 빨래하는 방법을 알아봅시다.

💬 빨래는 왜 해야 할까요?
💬 빨래할 때는 어떤 가전제품이 필요할까요?

💬 재준이와 아빠의 표정이 어때 보이나요?
💬 우리 집 세탁기는 어디에 있나요?

1. 색이 다른 옷은 어떻게 빨래할까?

재준이는 빨래를 하기 전에 고민했어요.

"밝은 색 옷과 어두운 색 옷이 있네.
색이 다른 옷은 어떻게 빨래하지?"

1 색이 다른 옷을 모두 섞어서 빨래한다 ☐

💬 내가 아는 밝은 색과 어두운 색을 말해 보세요.

색이 다른 옷을 함께 빨래해야 할까요?

따로 빨래해야 할까요?

아래에 있는 ❶, ❷ 중에서

알맞은 곳에 동그라미를 그려 보세요.

❷ 밝은 색 옷과 어두운 색 옷을 따로 나눠서 빨래한다

정답 ② 밝은 색 옷과 어두운 색 옷을 따로 빨래한다

밝은 색 옷과 어두운 색 옷은 따로 빨래해야 합니다.

> 밝은 색 옷과 어두운 색 옷은 왜 따로 빨래해야 할까요?
> 친구들과 자유롭게 이야기해 보세요.

밝은 색 옷과 어두운 색 옷을 함께 빨래하면

무슨 일이 일어날까요?

옷 색깔이 변할 수 있습니다.

옷 색깔이 변하지 않게

밝은 색 옷과 어두운 색 옷을 따로 빨래하세요.

2. 액체 세제를 어디에 넣지?

재준이가 세탁기에 액체 세제를 넣으려고 합니다.

액체 세제는 어디에 넣어야 할까요?

💬 빨래할 때 왜 세제를 넣어야 할까요?

액체 세제는 어디에 넣어야 할까요?

아래에 있는 ①, ② 중에서 알맞은 곳에 동그라미를 그려 보세요.

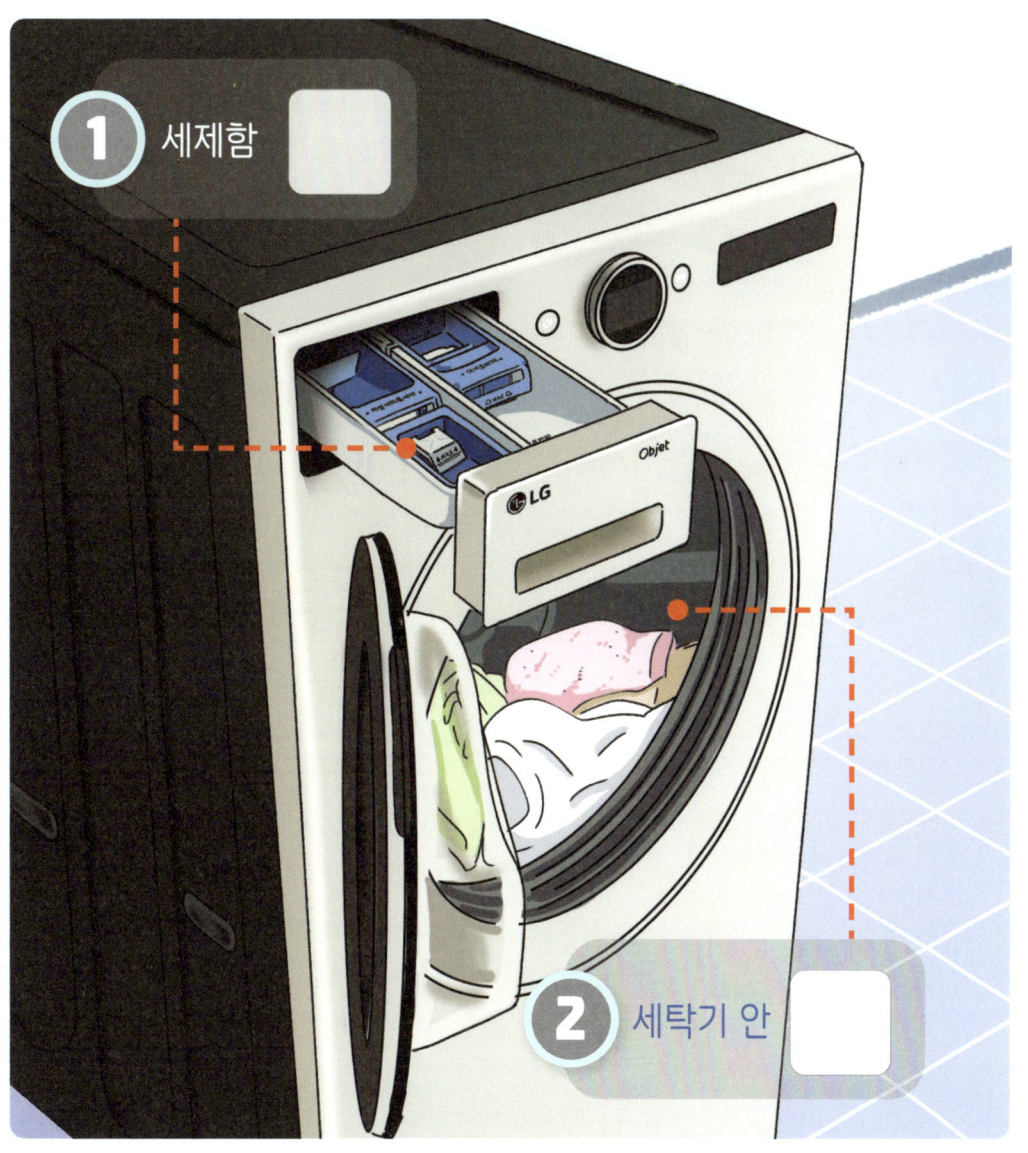

정답 ① 세제함

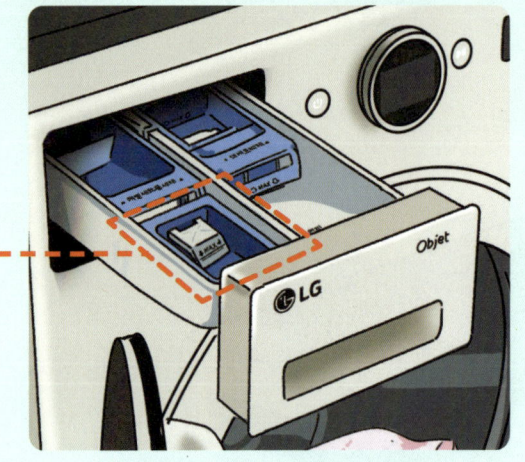

액체 세제는 세제함에 넣습니다.

세제함을 당기면

세제칸이 있습니다.

파란색 액체 세제 컵에

액체 세제를 넣으세요.

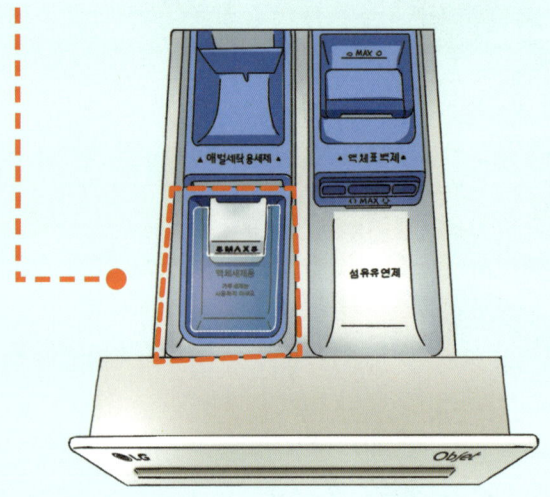

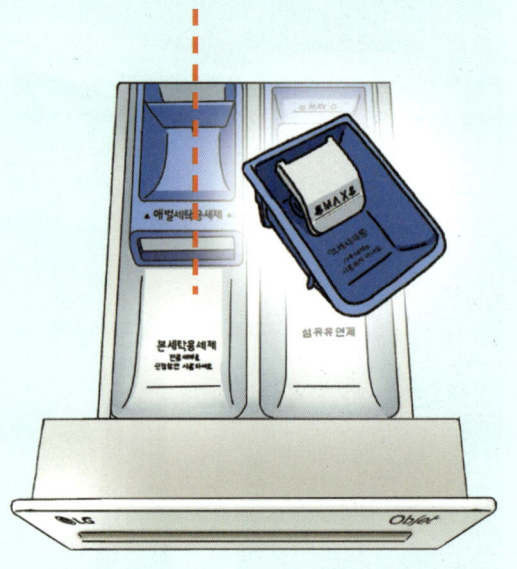

*액체 세제는 MAX(맥스)선
 아래까지만 넣으세요.
*세탁기마다 세제칸이 있는
 위치가 다를 수 있습니다.

*액체 세제 컵은 뺄 수도 있습니다.
 가루 세제를 넣으려면 액체 세제 컵을
 빼고 넣으세요.

💬 우리 집 세탁기에 있는 세제칸은 어떻게 생겼나요?
💬 내가 아는 액체는 무엇이 있나요?

다양한 세제, 어떻게 넣어야 할까?

가루 세제

가루 세제는 세제함에 넣으세요.

액체 세제 컵을 빼고 넣어야 합니다.

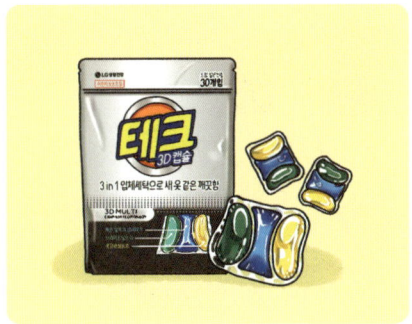

캡슐 세제

세탁기 안에 옷을 먼저 넣고
캡슐 세제를 넣으세요.

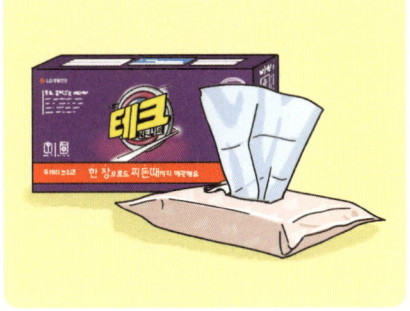

시트 세제

세탁기 안에 옷을 먼저 넣고
시트 세제를 넣으세요.

*세제마다 세탁기에 넣어야 하는 양이 다릅니다.
세제 사용 설명서를 보고 알맞은 양을 세탁기에 넣으세요.

섬유 유연제 알아보기

세탁기에 세제를 넣을 때 섬유 유연제도 함께 넣을 수 있습니다.

섬유 유연제를 넣고 세탁하면 옷이 부드러워집니다.

또 섬유 유연제를 사용하면 옷에서 좋은 향기가 납니다.

> 나는 어떤 향기가 나는 섬유 유연제를 사용하고 싶나요?
> 예) 꽃 향기, 비누 향기

섬유 유연제는 어디에 넣을까?

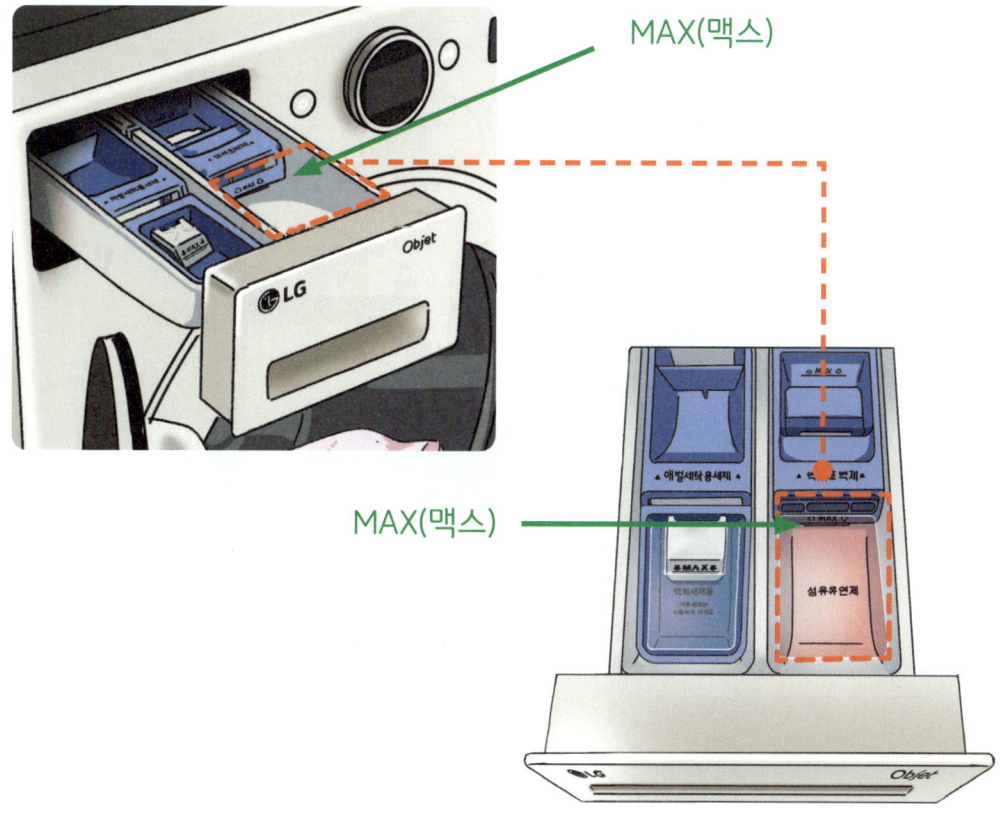

세제함을 당기면 섬유 유연제 칸이 있습니다.

섬유 유연제 칸에 섬유 유연제를 넣으세요.

*섬유 유연제는 MAX(맥스)선 아래까지만 넣으세요.

3. 빨래를 하려면 어떤 버튼을 누르지?

아빠는 ⏻ 전원 버튼을 눌러서 세탁기를 켰습니다.

그런데 세탁기가 빨래를 시작하지 않습니다.

세탁기가 빨래를 시작하려면 어떤 버튼을 눌러야 할까요?

아래에 있는 ① , ② 중에서

알맞은 곳에 동그라미를 그려 보세요.

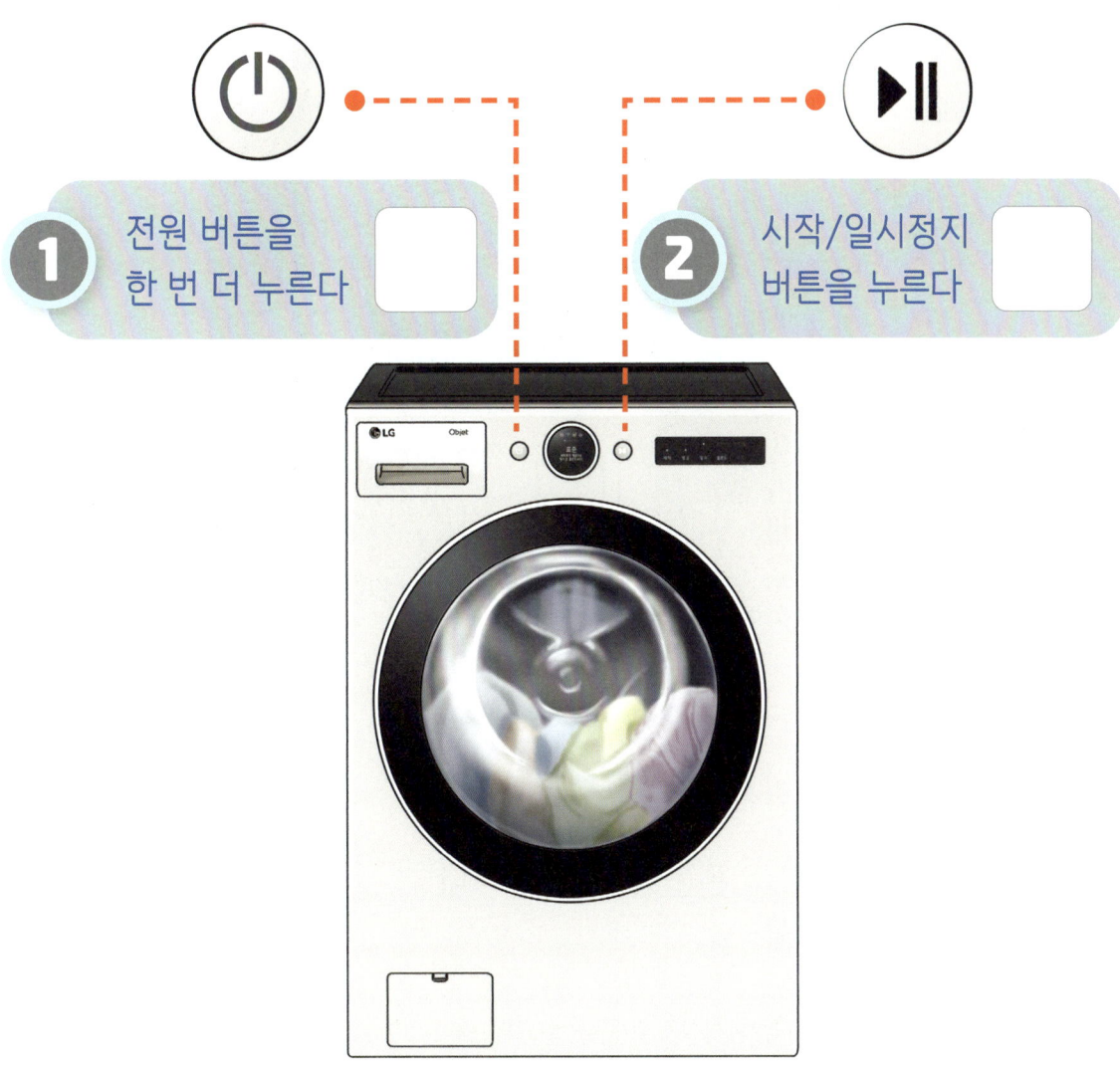

① 전원 버튼을 한 번 더 누른다

② 시작/일시정지 버튼을 누른다

정답 ② 시작/일시정지 버튼

세탁기가 빨래를 시작하려면

⏻ 전원 버튼을 누르고

⏯ 시작/일시정지 버튼을 눌러야 합니다.

*전원 버튼을 누르고 시작/일시정지 버튼을 누르면 세탁기가 표준 코스로 작동합니다.

빨래가 시작되면 알아두세요!

빨래가 시작되면 세탁기 문이 잠기고 🔒 문잠금 표시등이 켜집니다.
🔒 문잠금 표시등이 켜져 있을 때 세탁기 문을 억지로 열지 마세요.

빨래를 하다가 옷을 더 넣으려면 ▶❚❚ 시작/일시정지 버튼을 누르세요. 세탁기가 멈추고 🔒 문잠금 표시등이 꺼집니다.
🔒 문잠금 표시등이 꺼지면 세탁기 문을 열고 옷을 넣으세요.

*세탁기 안에 물이 차 있으면 세탁기 문을 열 수 없습니다.

4. 젖은 옷을 언제 꺼내지?

빨래가 끝났습니다.

젖은 옷을 언제 꺼내야 할까요?

① 바로 꺼낸다 ☐

아래에 있는 ①, ② 중에서 알맞은 곳에 동그라미를 그려 보세요.

② 나중에 꺼낸다

정답 ① 바로 꺼낸다

빨래가 끝나면 젖은 옷을 바로 꺼내야 합니다.

젖은 옷을 나중에 꺼내면

옷에서 냄새가 날 수 있습니다.

💬 젖은 옷을 꺼낸 다음에 무엇을 해야 할까요?
💬 나는 건조대나 건조기를 본 적이 있나요?

세탁이 끝나고 알아두세요!

*세탁기 문 안쪽에 환기용 도어 홀더가 있어요.
세탁기 문을 살짝만 열어도 환기할 수 있어요.

젖은 옷을 꺼냈으면 세탁기 문을 살짝 열어 두세요.

빨래가 끝나면 세탁기 안에 물이 조금 남아있을 수 있어요.

문을 열어서 세탁기 안에 있는 물을 말리세요.

세탁기를 깨끗하게 사용할 수 있습니다.

세탁기를 사용하는 방법, 정리해보자!

알맞은 단어에 동그라미를 그려 보세요.

1.

밝은 색 옷과 어두운 색 옷을 모두 섞어서 / 따로 나눠서 빨래해요.

2.

액체 세제는 세제함 / 세탁기 안 에 넣어요.

세탁기를 켜고 전원 버튼 / 시작/일시정지 버튼 을 눌러서 빨래를 시작해요.

빨래가 끝나면 젖은 옷을 나중에 / 바로 꺼내요.

정답: ① 따로 나누어서 ② 세제양 ③ 시작/일시정지 버튼 ④ 바로

깨끗하게 빨래해보기

여러분은 빨래하는 순서를 알고 있나요?

종이 세탁기로 빨래하는 순서를 연습해 봐요!

종이 세탁기로 빨래 연습을 하려면 먼저 세탁실을 꾸며야 해요.

종이를 뜯고 풀도 바르면서 세탁실을 꾸며 봅시다.

그럼 이제

세탁실을 꾸미러 가볼까요?

깨끗하게 빨래해보기

세탁실 꾸미기
① 세탁기 만들기

준비물

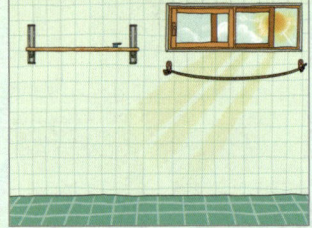
▲ 세탁실 꾸미기

▲ 세탁실 꾸미기 재료

▲ 풀

아래 순서를 따라 세탁기를 만들어 봅시다.

1 '세탁실 꾸미기 재료'에 세탁기와 세제함이 있어요. 노란색 선을 따라 세탁기와 세제함을 뜯으세요.

2

세탁기에 있는
빨간색 점선을 따라 접으세요.
'풀'이 써 있는 곳에
풀을 바르세요.

3

풀을 바른 세탁기를
세탁기 자리에 붙이세요.
떨어지지 않게 꾹꾹 누르세요.

세탁기 왼쪽 위에
세제함을 넣으세요.
세탁기가 완성됩니다!

4

세탁실 꾸미기
② 빨래 바구니, 세제, 섬유 유연제, 옷 준비하기

이제 빨래 바구니와 세제, 섬유 유연제, 옷을 준비해 봅시다.
아래 순서를 따라해 보세요.

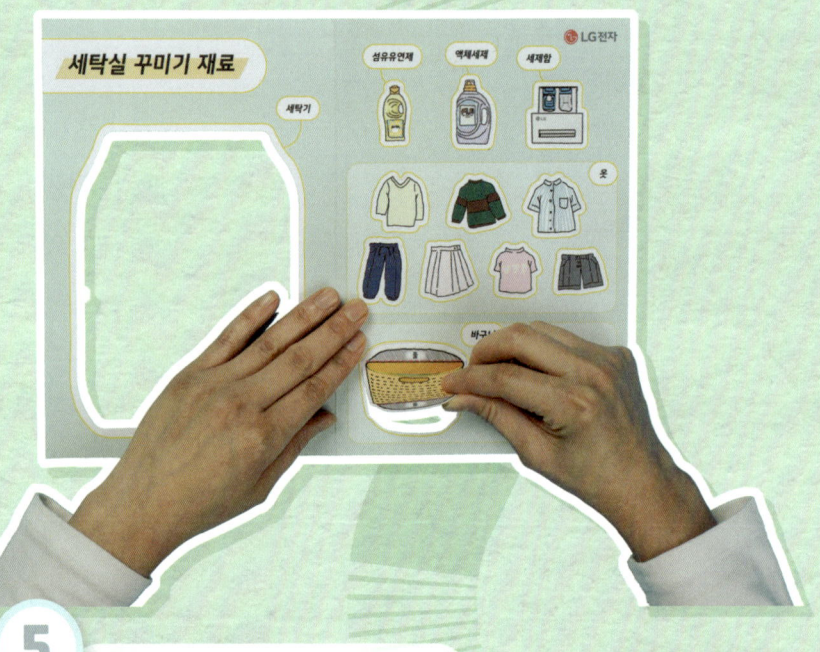

5 노란색 선을 따라 바구니를 두 개를 뜯으세요. 바구니에 있는 빨간색 점선을 따라 접으세요.

6 바구니에 '풀'이 써 있는 곳에 풀을 바르세요.
풀을 바른 바구니를 바구니 자리에 붙이세요.
떨어지지 않게 꾹꾹 누르세요.
바구니가 완성됩니다.

7 노란색 선을 따라 세제와 섬유 유연제를 뜯으세요.
세탁기 위에 세제와 섬유 유연제를 놓으세요.

노란색 선을 따라 옷을 뜯으세요.
세탁실 꾸미기가 완성됩니다!

8

깨끗하게 빨래해보기

종이 세탁기 만들기, 어땠나요?

세탁기와 빨래 바구니를 잘 만들었나요?

세제, 섬유 유연제, 옷도 준비했고요?

그럼 이제 종이 세탁기로 빨래 연습을 해봅시다!

1 색이 다른 옷을 나누어요

색이 다른 옷은 따로 나눠서 빨래해야 돼요.
밝은 색 옷과 어두운 색 옷을 나누어 봅시다.
밝은 색 옷은 왼쪽 바구니에 넣어 보고요.
어두운 색 옷은 오른쪽 바구니에 넣어 보세요.

💬 밝은 색 옷과 어두운 색 옷은 왜 따로 빨래해야 할까요?
💬 밝은 색 옷과 어두운 색 옷을 함께 빨래하면 무슨 일이 생길까요?

2. 세탁기에 옷을 넣어요

왼쪽 바구니에 있는 옷을 꺼내서

세탁기 안에 넣어 보세요.

그리고 세탁기 문을 닫으세요.

💬 밝은 색 옷과 어두운 색 옷 중에서 어떤 옷을 먼저 빨래할 건가요?

💬 세탁기 문을 닫았으면 다음에는 무엇을 해야 할까요?

3 세제를 넣어요

세제를 넣어 봅시다.

세제함을 열어서 세제를 넣으세요.

💬 빨래할 때 세제가 왜 필요할까요?
💬 내가 아는 세제를 모두 말해 보세요. ㉮ 액체 세제

4 섬유 유연제를 넣어요

섬유 유연제도 넣어 봅시다.

섬유 유연제 칸에 섬유 유연제를 넣으세요.

그리고 세제함을 닫으세요.

- 섬유 유연제를 넣으면 무엇이 좋을까요?
- 어떤 향기가 나는 섬유 유연제를 넣고 싶나요? 예) 꽃 향기

5 세탁기 전원을 켜요

이제 버튼을 눌러서 세탁기를 켜봅시다.
어떤 버튼을 누르면 세탁기가 켜질까요?
버튼의 이름을 말해 보세요.

힌트 : ㅈㅇ 버튼

💬 세탁기에는 또 어떤 버튼이 있을까요?
💬 전원 버튼이 있는 가전제품을 말해 보세요. 예) 세탁기, 청소기

정답 : 전원

6 빨래를 시작해요

버튼을 눌러서 빨래를 시작해 봅시다.

어떤 버튼을 누르면 빨래가 시작될까요?

버튼의 이름을 말해 보세요.

> 힌트 : ㅅㅈ/일시정지 버튼

💬 세탁기가 빨래를 해주면 무엇이 좋을까요?

정답 : 시작

지금은 빨래 중~

세탁기가 옷을 깨끗하게 빨래하고 있어요.

세탁기가 빨래하는 동안
나는 무엇을 하고 싶나요?
책 읽기, 청소하기, 게임하기….

아래에 내가 하고 싶은 걸 자유롭게 그려 보세요.

7 세탁기에서 옷을 꺼내고 문을 살짝 열어 놓아요

세탁이 끝났어요.

세탁기에서 젖은 옷을 꺼내고

문을 살짝 열어 놓으세요.

> 세탁기에서 젖은 옷을 왜 바로 꺼내야 할까요?
> 빨래가 끝나고 세탁기 문을 왜 열어 놓아야 할까요?

8 젖은 옷을 말려요

세탁실에 있는 빨랫줄에 옷을 널어 보세요.

젖은 옷이 뽀송뽀송하게 마를 거예요.

　　💬 젖은 옷은 어떤 날씨에 잘 마를까요?
　　💬 옷이 다 말랐으면 무엇을 해야 할까요?

종이세탁기로 빨래하기, 어땠나요?

세탁실도 꾸미고

종이 세탁기로 빨래하기 연습도 했어요.

어땠나요? 즐거웠나요?

아래에 빨래 연습하기가 어땠는지 내 생각을 써보세요.

밝은 색 옷으로 빨래 연습을 했으면
어두운 색 옷도 빨래 연습을 해보세요.

빨래하는 방법을 모르는 친구가 있다면
친구와 함께 빨래하기 연습을 해보세요!

드럼 세탁기는 어떻게 빨래를 하는 걸까?

드럼 세탁기로 빨래를 하면
세탁기 안에 있는 옷이 빙글빙글 돌아가.
빨래가 끝나면 옷이 깨끗해져.

어떻게 드럼 세탁기 안에서 옷이 깨끗해지는 걸까?
드럼 세탁기가 빨래하는 방법을 알려 줄게!

💬 '드럼 세탁기'라는 말을 들으면 무엇이 생각나나요?
💬 드럼 세탁기는 어떻게 옷을 깨끗하게 빨래하는 걸까요?
친구들과 자유롭게 이야기해 보세요.

옛날에는 어떻게 빨래를 했을까?

드럼 세탁기가 빨래하는 방법은

옛날 사람들이 빨래했던 방법과 비슷해.

옛날에는 세탁기가 없었어.

옛날 사람들은 어떻게 빨래를 했을까?

💬 옛날 사람들은 무엇으로 빨래를 했을까요?
　　오른쪽 그림을 보면서 자유롭게 이야기해 봅시다.

탁탁탁! 방망이로 옷을 두드려요

옛날 사람들은 방망이로 옷을 두드리면서 빨래를 했어.

방망이와 옷이 부딪치면

옷에 있는 얼룩과 때가 사라졌어.

옷이 깨끗해졌어.

💬 세탁기를 사용하지 않고 다른 방법으로 빨래를 해본 적이 있나요?
　 ㉑ 옷을 손으로 문지르기, 이불을 발로 밟으면서 빨래하기

드럼 세탁기도 옷을 두드린다?

지금은 많은 사람들이 드럼 세탁기를 사용하고 있어.

드럼 세탁기도 옷을 두드리면서 빨래를 해.

드럼 세탁기가 어떻게 옷을 두드리는 거냐고?

드럼 세탁기를 살펴보자.

드럼 세탁기 안에는 커다란 통이 있어.

드럼 세탁기를 작동하면 통이 빙글빙글 움직여.

통이 움직이면서 안에 있는 옷도 함께 움직여.

옷이 통 안에서 위로 올라갔다가 아래로 철썩 떨어지지.

통 안에서 옷이 아래로 떨어지면 어떻게 될까?

옷이 떨어지면서 아래쪽에 부딪히겠지?

이렇게 부딪힐 때마다 옷에 있는 얼룩과 때가 점점 사라져.

드럼 세탁기 안에서 옷이 부딪히면서 빨래가 되는 거야.

옛날에 방망이로 옷을 두드려서 빨래했던 것처럼 말이야.

❝ 드럼 세탁기에서 얼룩과 때는 어떻게 사라지나요?
❝ 드럼 세탁기가 작동하는 동안 드럼 세탁기에서 어떤 소리가 나나요?

드럼 세탁기로 빨래를 깨끗하게 하려면?

드럼 세탁기 안에서 옷이 여기저기 부딪히면 어떻게 된다고?

맞아, 옷에 있는 얼룩과 때가 사라져.

그런데 통에 옷이 너무 많으면 어떨까?

통 안이 비좁아서 옷이 잘 움직이지 못해.

빨래가 잘 되지 않을 수 있어.

드럼 세탁기로 빨래를 깨끗하게 하려면

통에 옷을 적당히 넣어야 해.

세탁기가 물기는 어떻게 빼는 걸까?

빨래를 했다면 이제 옷에 있는 물기를 쭉 짜서 빼야 해.

옷에 있는 물기를 빼는 걸 '탈수'라고 해.

드럼 세탁기도 옷을 빨래한 다음에 탈수를 해.

세탁기는 어떻게 옷에 있는 물기를 뺄까?

세탁기가 빨래를 다 하면
안에 있는 통이 빠르게 회전을 해.
통이 빙글빙글 아주 빠르게 돌아가지.
이때 옷에 있는 물기가 통 밖으로 빠져나가.

비에 젖은 우산을 빙글빙글 돌려본 적이 있니?

이때 우산에 있는 물방울은 어떻게 될까?

물방울이 우산 바깥쪽으로 튀어나가.

세탁기 안에서 통이 빠르게 돌 때도 그래.

옷에 있는 물기가 밖으로 튀어나가.

통에 작은 구멍이 있어서 물기가 통 밖으로 빠져나가지.

옷에 있는 물기는 점점 줄어들어. 탈수가 돼.

💬 세탁기에서 어떻게 탈수가 되나요?

다시 한번 정리해 보자!

드럼 세탁기는 통을 움직여서 빨래를 해.

안에 있는 옷을 높게 들어올렸다가 아래로 떨어뜨리지.

철썩! 옷이 아래로 떨어지면서 얼룩과 때가 사라져.

빨래를 다 하면 통이 빠르게 돌아가.

탈탈탈탈! 통이 빠르게 돌아가면서 옷에 있는 물기를 쭉 빼내.

어때, 드럼 세탁기가 참 똑똑하지?

세탁기, 옛날부터 지금까지 어떻게 달라졌을까?

많은 사람들이 세탁기를 사용합니다.
셔츠와 바지, 양말, 수건….
우리가 매일 입고 사용하는 것을
세탁기로 편하게 빨래할 수 있어요.
옛날에는 어떻게 빨래를 했을까요?

❝ 세탁기가 있어서 좋은 점은 무엇일까요?

옛날 빨래 이야기

옛날에는 동네마다 빨래터가 있었어요.
옛날 사람들은 빨래터에 모여서 빨래를 했어요.
옷을 문지르거나 방망이로 옷을 두드리면서 빨래를 했어요.

손과 팔을 계속 움직여야 해서 빨래는 정말 힘든 일이었어요.
시간도 아주 오래 걸렸어요.
옷이 많으면 하루에 4시간 넘게 빨래를 해야 하기도 했어요.
그런데 세탁기가 생기면서 달라졌어요!

💬 그림 속 사람들은 손에 무엇을 들고 있나요?
　어떤 자세로 빨래를 하고 있나요?
　사람들이 빨래하는 모습을 따라해 보세요.

💬 내가 그림 속 사람이 된다면
　빨래를 하면서 어떤 말을 할까요?

폴 고갱, 빨래하는 아를의 여인,
1888, 위키미디어공용

1952년 9월 김포의 수로 밑에서 빨래를 하는 모습 by 한국저작권위원회, 공유마당, CC BY

1952년 부산 보수천 하구에서 빨래를 하는 주민들 by 한국저작권위원회, 공유마당, CC BY

김홍도, 풍속화첩_빨래터, 한국데이터베이스산업진흥원

더 빠르게, 더 편하게

세탁기가 생기고 사람들은 더 편하게 빨래를 할 수 있게 되었어요.

세탁기는 1시간 만에 옷을 빨래하고 탈수도 했어요.

사람들은 빨래하는 시간을 아낄 수 있었어요.

💬 만약 세탁기가 만들어지지 않았다면 어땠을까요?

💬 우리가 살아가는 데 필요한 가전제품에는 어떤 것이 있을까요?
친구들과 자유롭게 이야기해 보세요.

"세탁기가 빨래를 해주니까 정말 편하네. 집안일이 줄어들었어."

 "세탁기가 빨래하는 동안 나는 다른 일을 해야지."

빨래를 편하게 할 수 있게 도와주는 세탁기!
우리나라에서는 언제 처음으로 세탁기가 만들어졌을까요?

> 우리나라에서는 언제 처음으로 세탁기가 만들어졌을까요?
> 친구들과 자유롭게 이야기해 보세요.

우리나라 세탁기 이야기

우리나라에서는 1969년에 세탁기가 처음 만들어졌어요.

'금성사'라는 회사에서 처음으로 세탁기를 만들었어요.

세탁기 이름은 '백조 세탁기'였어요.

백조 세탁기에는 통이 2개 있었어요.

세탁하는 통과 탈수하는 통이 따로 있었어요.

> 💬 '금성사'는 지금 LG(엘지)전자입니다.
> LG전자에서 만드는 가전제품은 또 무엇이 있을까요?
> 인터넷에 LG전자를 검색해서 찾아보세요.

> 💬 금성사에서 처음으로 만든
> 세탁기 이름은 왜 '백조 세탁기'였을까요?

시간이 지나면서 세탁기는 더 다양해졌어요.

LG(엘지)전자에서 1996년에 '통돌이'라는 세탁기를 만들었어요.

안에 있는 세탁통이 돌아가는 세탁기였어요.

통돌이 세탁기 말고 '드럼 세탁기'도 있어요.

문이 앞쪽에 달려 있는 세탁기가 드럼 세탁기예요.

- 통돌이 세탁기를 본 적이 있나요?
- 통돌이 세탁기와 드럼 세탁기는 무엇이 다른가요? 사진을 보면서 이야기해 보세요.

세탁기는 계속 발전하고 있어요.
어떤 세탁기는 세탁 시간을 예약할 수 있고요.

스마트폰으로 작동할 수 있는 세탁기도 있어요.
집 밖에서도 스마트폰으로 빨래를 시작할 수 있죠.
세탁이 언제 끝나는지도 스마트폰으로 확인할 수 있어요.

어떤 세탁기는 날씨를 알아보고 세탁 방법을 추천해 줘요.
세탁, 헹굼, 탈수를 어떻게 하면 좋을지 추천해 줘요.

'오늘 미세먼지가 많네. 옷에도 먼지가 많겠지?
세탁기가 옷을 더 많이 헹구라고 추천해 주네.
세탁기가 추천해 주는 방법으로 세탁해 봐야지!'

비가 내리는 날에는 빨래한 옷이 잘 마르지 않을 수 있습니다.
세탁, 헹굼, 탈수 중에 무엇을 더 하면 좋을까요?

미래에는 어떤 세탁기가 생길까?

세탁기가 발전하면서 사람들은 더 편하게
빨래를 할 수 있게 되었어요.

10년, 20년, 30년….
시간이 더 지나고 미래에는
어떤 세탁기가 생길까요?

자유롭게 상상해 보고 그림으로 그려 보세요!

> 나는 어떤 세탁기를 그림으로 그렸나요?
> 친구들에게 소개해 봅시다.

옷을 말리고, 옷을 관리하고!

요즘 많은 사람들이 세탁기와 건조기를 함께 사용해요.

건조기는 세탁한 옷을 빠르게 말리는 가전제품이에요.

건조기로 세탁한 옷을 바로 말려서 입을 수 있어요.

"원래 옷을 말리려면 하루를 기다려야 했어.
이제 건조기가 있어서 1시간만 기다리면 돼.
빠르게 옷을 말리고 입을 수 있어서 좋아!"

스타일러라는 가전제품도 있어요.

스타일러는 옷을 깔끔하게 관리해 주는 제품이에요.

물에 젖은 옷을 빠르게 말릴 수 있고요.

구겨진 옷을 펼 수도 있고, 옷에 있는 먼지를 털어낼 수도 있어요.

스타일러가 생기면서 사람들은 간편하게

옷을 관리할 수 있게 되었어요.

뽀송뽀송 깨끗해진 옷을 입고 어디로 가볼까?

세탁기로 옷을 깨끗하게 빨았어요.

그리고 건조기로 옷을 말렸어요.

뽀송뽀송 깨끗해진 옷을 입고

어디로 가보고 싶나요?

깔끔하게 옷을 입은 내 모습과

내가 가보고 싶은 장소를

그림으로 그려 보세요.

가전학교 쉬운 글 도서

안녕, 세탁기!
깨끗하게 빨래해줘

발행처	LG전자
기획	LG전자 HS본부 CX담당 HS고객가치혁신실

이 책의 내용을 상업적으로 사용할 때는 반드시 출처를 밝혀야 하며
HS고객가치혁신실 담당자(hacvi@lge.com)에게 연락 바랍니다.

주소	서울시 영등포구 여의대로 128
고객센터	1544-7777
홈페이지	www.lge.com

출판사	피치마켓
디자인	피치마켓
감수	피치마켓 프렌즈

창간	2023년 04월 20일
초판 1쇄 발행	2025년 10월 09일
ISBN	979-11-92754-72-7
	979-11-92754-68-0 (세트)

Copyright © 2025 LG Electronics. All rights reserved.

경험과 지식이 부족한 사람은 보호자의 감독이나 지시 없이
제품을 안전하게 사용할 수 없습니다.

제품을 안전하게 사용할 수 있도록
보호자와 함께하세요.

이 책에 있는 내용은
LG전자의 '드럼세탁기 사용설명서' 일부를
쉬운 글로 번안한 것입니다.
아래에 있는 큐알코드를 스캔하여
모델명을 입력해 검색해 보세요.
제품 사용설명서를 볼 수 있습니다.

목차

세탁하기 전에 알아두세요

6

세탁기, 더 자세히 알아봐요
: 드럼 세탁기

12

세탁기,
이렇게도 사용해 보세요
: 다양하게 빨래하는 방법
  알아보기
30

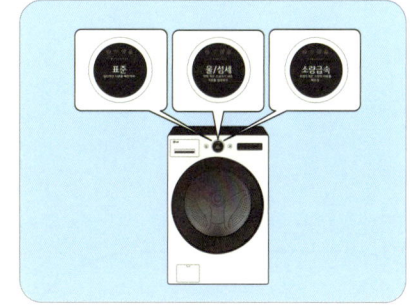

LG전자 서비스 센터
42

세탁하기 전에 알아두세요

✓ 밝은 색 옷과 어두운 색 옷은 따로 세탁하세요.
밝은 색 옷과 어두운 색 옷을 함께 세탁하면
옷 색깔이 변할 수 있습니다.

✓ 세탁기에 옷을 넣기 전에 옷에 있는 세탁 라벨을 보세요.

세탁 라벨에는 옷을 빨래하고 관리하는 방법이 적혀 있어요.

세탁 라벨에 ▢ 이 있으면 세탁기로 빨래를 할 수 있습니다.

세탁 라벨에 ⊗ 이 있으면 세탁기로 빨래하지 마세요.

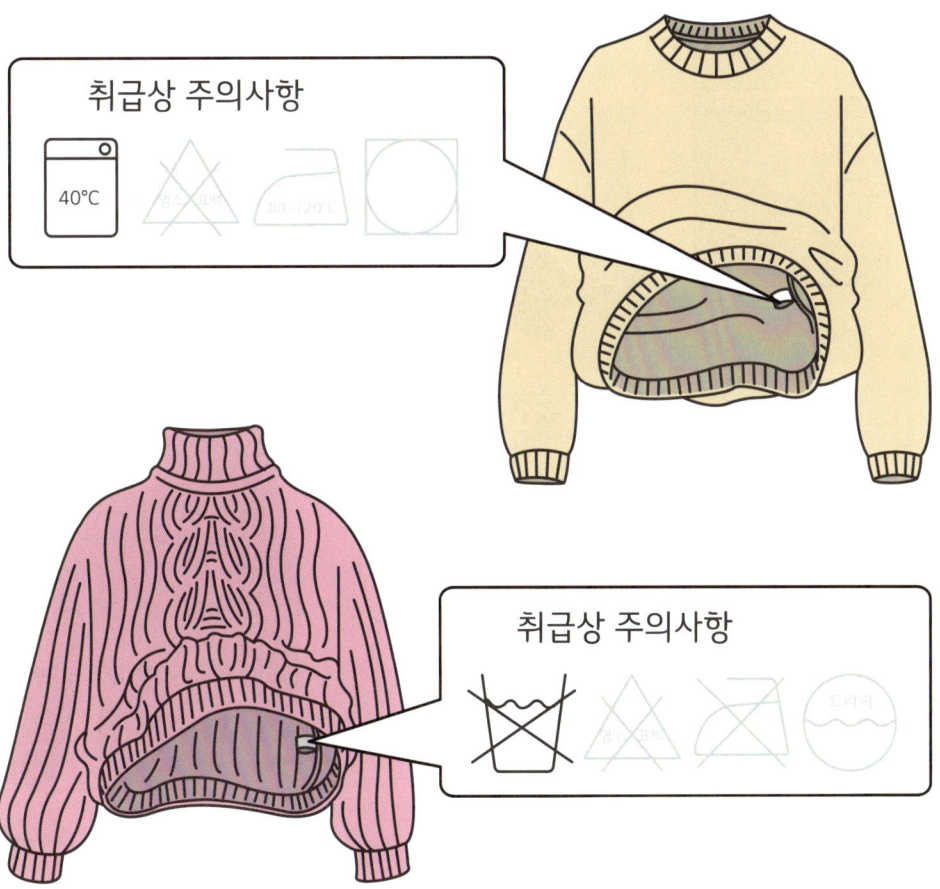

✓ 크기가 작은 옷들은 세탁기 틈에 낄 수 있어요.
양말이나 속옷처럼 작은 옷들은
세탁망에 넣어서 빨래하세요.

세탁망

* 세탁망은 절반만 채워서 사용하세요.

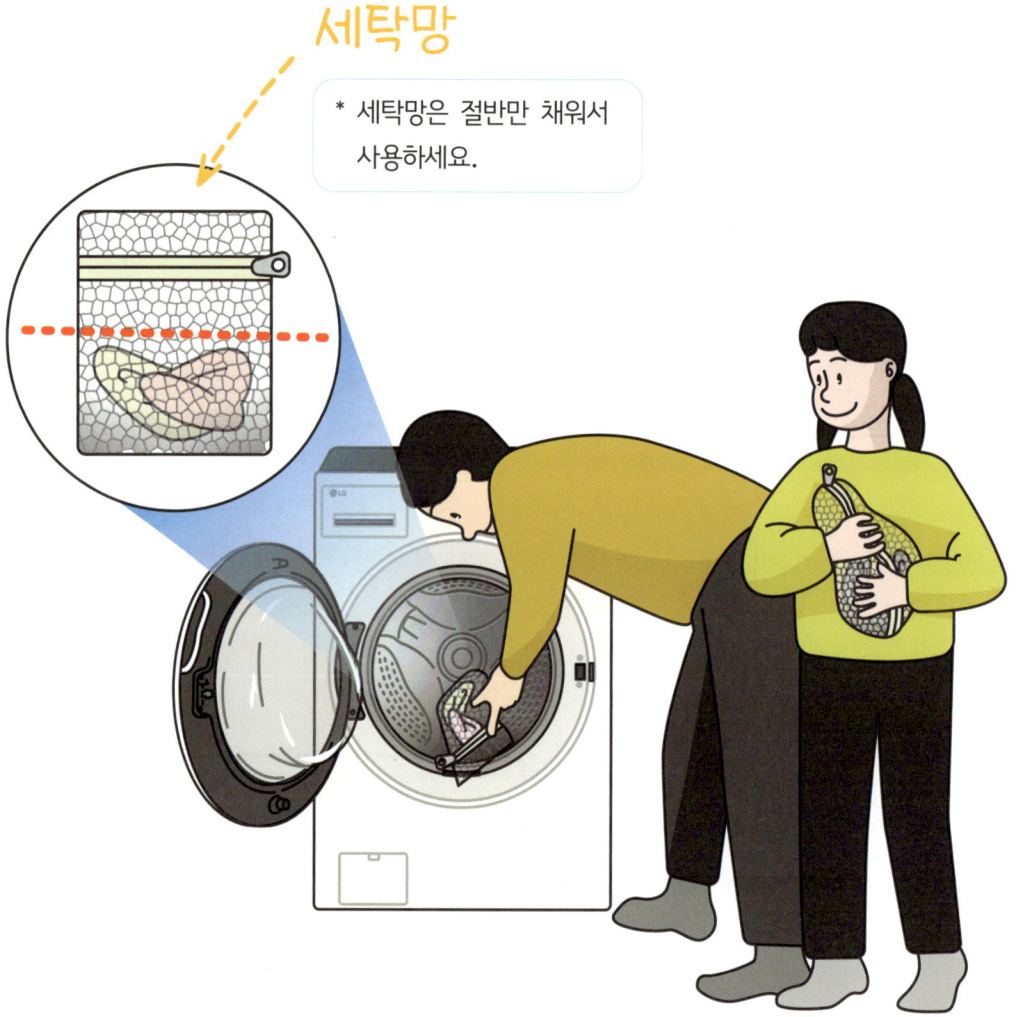

세탁기로 빨래할 때 물 온도를 설정할 수 있어요.

물 온도를 따뜻한 40도로 설정해 보세요.

차가운 물로 빨래할 때보다 옷에 있는 때가 더 잘 빠집니다.

✓ 세탁이 끝나면 젖은 옷을 바로 꺼내세요.

 젖은 옷이 세탁기에 오래 있으면

 옷에서 냄새가 날 수 있습니다.

✓ 세탁기에서 젖은 옷을 꺼냈으면
세탁기 문을 살짝 열어 두세요.
세탁기 안에 적은 양의 물이 남아 있을 수 있습니다.
문을 열어두면 세탁기 안에 있는 물이 마릅니다.
세탁기를 깨끗하게 사용할 수 있습니다.

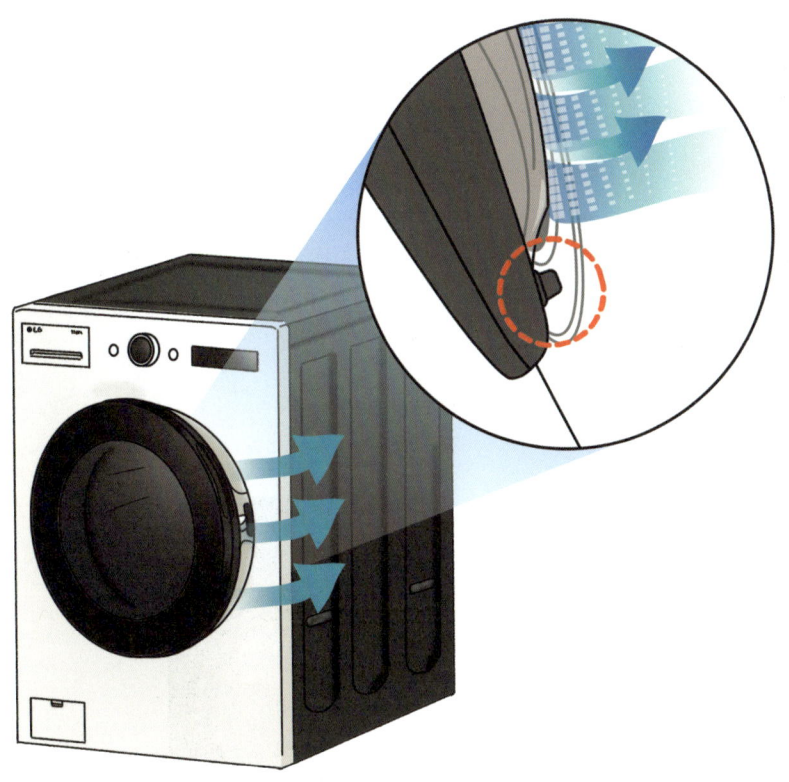

* 세탁기 문 안쪽에 환기용 도어 홀더가 있어요.
  세탁기 문을 살짝만 열어도 환기할 수 있어요.

세탁기, 더 자세히 알아봐요
: 드럼 세탁기

세탁기 살펴보기

> **드럼 세탁기**
>
> 옷이나 이불을 세탁합니다.

버튼과 다이얼

세탁기를 켜거나 끌 수 있습니다.

내가 원하는 빨래 방법을 골라서 사용할 수 있습니다.

세제함

세제나 섬유 유연제를 넣는 곳입니다.

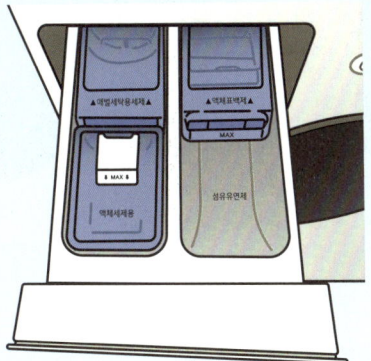

세탁기를 사용하는 방법

1

세탁기 문을 열고
세탁기 안에 옷을 넣으세요.
세탁기 문을 닫으세요.

2

세제함을 여세요.
세제와 섬유 유연제를 넣으세요.
세제함을 닫으세요.

3

전원 버튼을 누르고 시작/일시정지 버튼을 누르세요. 빨래가 시작됩니다.

4

빨래가 끝나면 알림음이 울립니다.

문을 열고 옷을 꺼내세요.

세탁기 문을 살짝 열어 두세요.

세탁기 문 열고 닫기

세탁기 문을 여는 방법

손잡이를 당기세요.

세탁기 문이 열립니다.

세탁기 문을 닫는 방법

세탁기 문을 미세요.

딸깍 소리가 나면서

세탁기 문이 닫힙니다.

알아두세요

세탁을 하는 동안에는 세탁기 문이 잠깁니다.

세탁기에  문잠김 표시등이 나타납니다.

세탁기 문이 잠겨 있을 때 억지로 문을 열지 마세요.

표시등이 꺼질 때까지 기다리세요.

세제와 섬유 유연제 넣기

1

세탁기에 있는 세제함을 당기세요.

세제함이 열립니다.

2

세제함에 세제 칸과 섬유 유연제 칸이 있습니다.

세제 칸에 세제를 넣으세요.

* 세탁기마다 세제칸이 다를 수 있습니다.
* 드럼 세탁기에는 꼭 드럼용 세제를 사용하세요.

③

섬유 유연제 칸에
섬유 유연제를 넣으세요.

* 섬유 유연제를 기준선
  MAX(맥스)선 아래까지만
  넣으세요.

④

세제함을 밀어 넣으세요.
세제함이 닫힙니다.

세탁기에 있는 버튼과 다이얼 사용하기

세탁기에는 버튼과 동그란 다이얼이 있어요.

세탁기에 있는 버튼과 다이얼을 사용하는 방법을 알아봅시다.

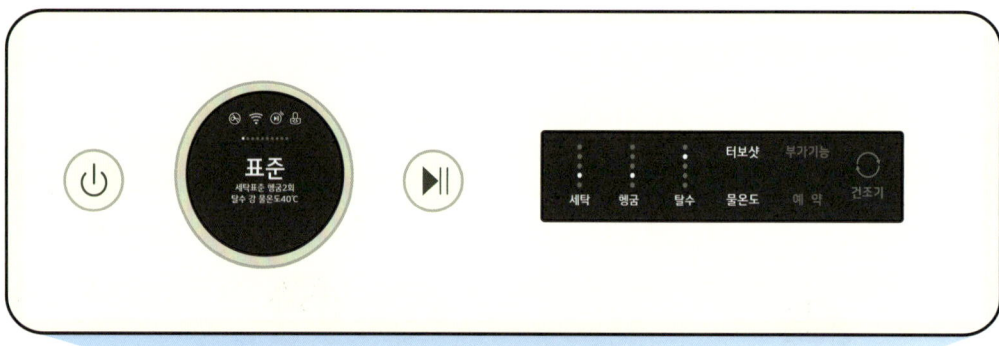

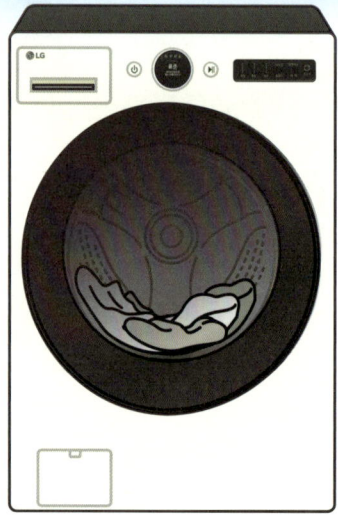

 **경고**

세탁기를 안전하게 사용하려면 꼭 보호자와 함께하세요.

⏻ 전원 버튼

세탁기에 ⏻ 전원 버튼이 있어요.

⏻ 전원 버튼을 누르면 세탁기를 켜거나 끌 수 있습니다.

세탁기를 켜려면 ⏻ 전원 버튼을 누르세요.

세탁기를 끄려면 ⏻ 전원 버튼을 1초 동안 꾹 누르세요.

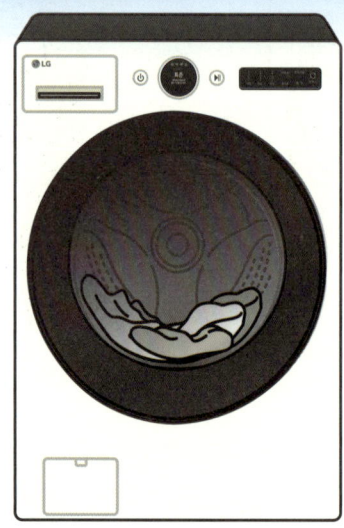

다이얼

세탁기에 동그란 다이얼이 있어요.

다이얼을 돌리면 화면으로 다양한 빨래 방법을 볼 수 있습니다.

화면을 보면서 내가 원하는 빨래 방법을 고를 수 있어요.

빨래 시간이 얼마나 남았는지 볼 수도 있습니다.

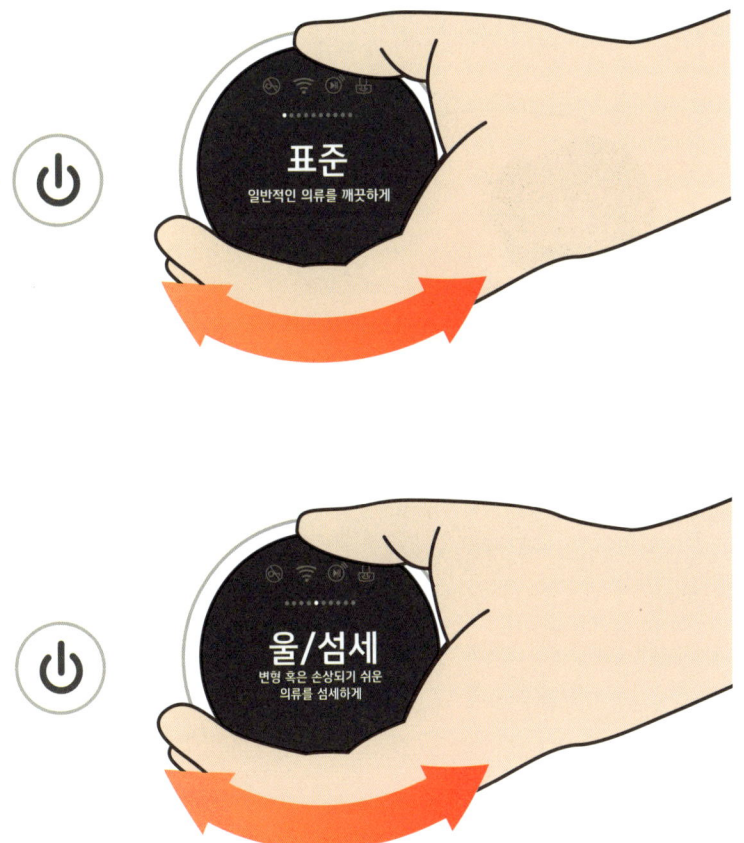

1) 다이얼로 빨래하는 방법 고르기

다이얼을 돌리면 화면에 나타나는 빨래하는 방법이 바뀝니다.
화면에 내가 원하는 빨래하는 방법이 나타날 때까지
다이얼을 돌리세요.

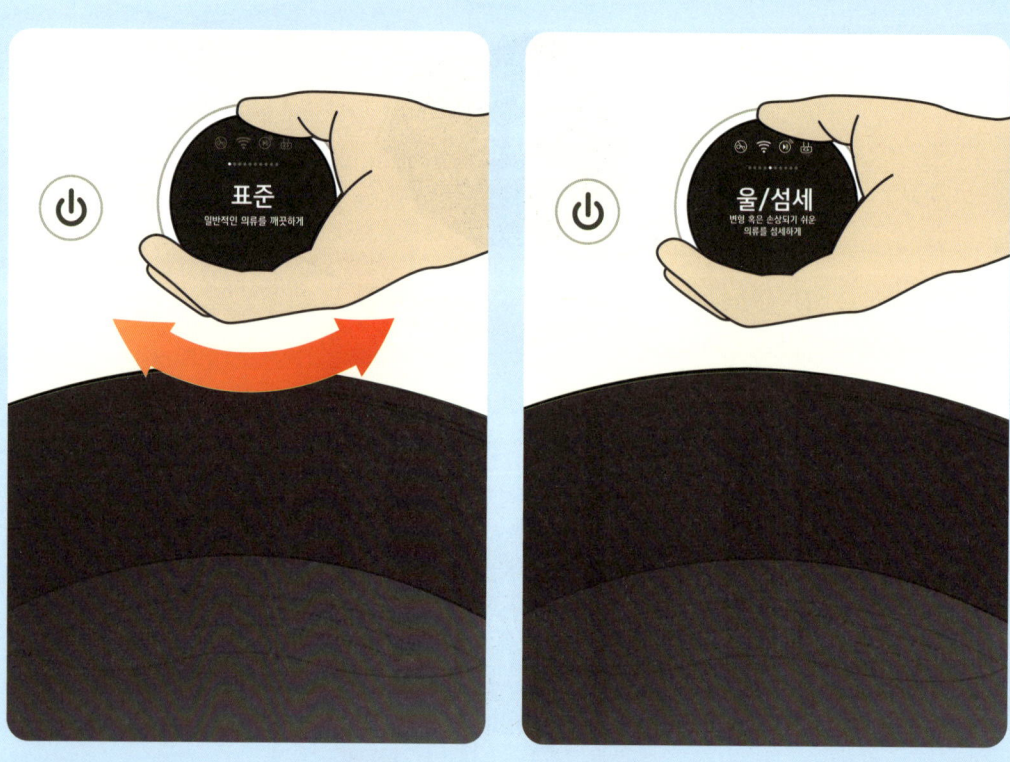

2) 다이얼로 남은 빨래 시간 확인하기

빨래가 시작되면 다이얼에 있는 화면에

남은 빨래 시간이 나타납니다.

빨래 시간을 보고 빨래가 언제 끝나는지 알 수 있어요.

▶❙ 시작/일시정지 버튼

세탁기에 ▶❙ 시작/일시정지 버튼이 있어요.

▶❙ 시작/일시정지 버튼을 누르면

빨래를 시작하거나 빨래를 잠시 멈출 수 있습니다.

빨래 시작

빨래 멈춤

* ⏻ 전원 버튼을 누르고 바로 ▶❙ 시작/일시정지 버튼을 누르면 표준으로 빨래가 시작됩니다.

세탁기로 빨래를 하다가 옷을 더 넣는 방법

세탁을 하다가 세탁기 안에 옷을 더 넣는 방법을 알아봅시다.

1

세탁기가 작동하고 있을 때 ▶II 시작/일시정지 버튼을 누르세요.

세탁기가 멈춥니다.

2

세탁기 문을 열고 옷을 넣으세요.

세탁기 문을 닫고 ▶II 시작/일시정지 버튼을 누르세요.

세탁기가 다시 작동됩니다.

세탁기, 이렇게도 사용해 보세요
: 다양하게 빨래하는 방법 알아보기

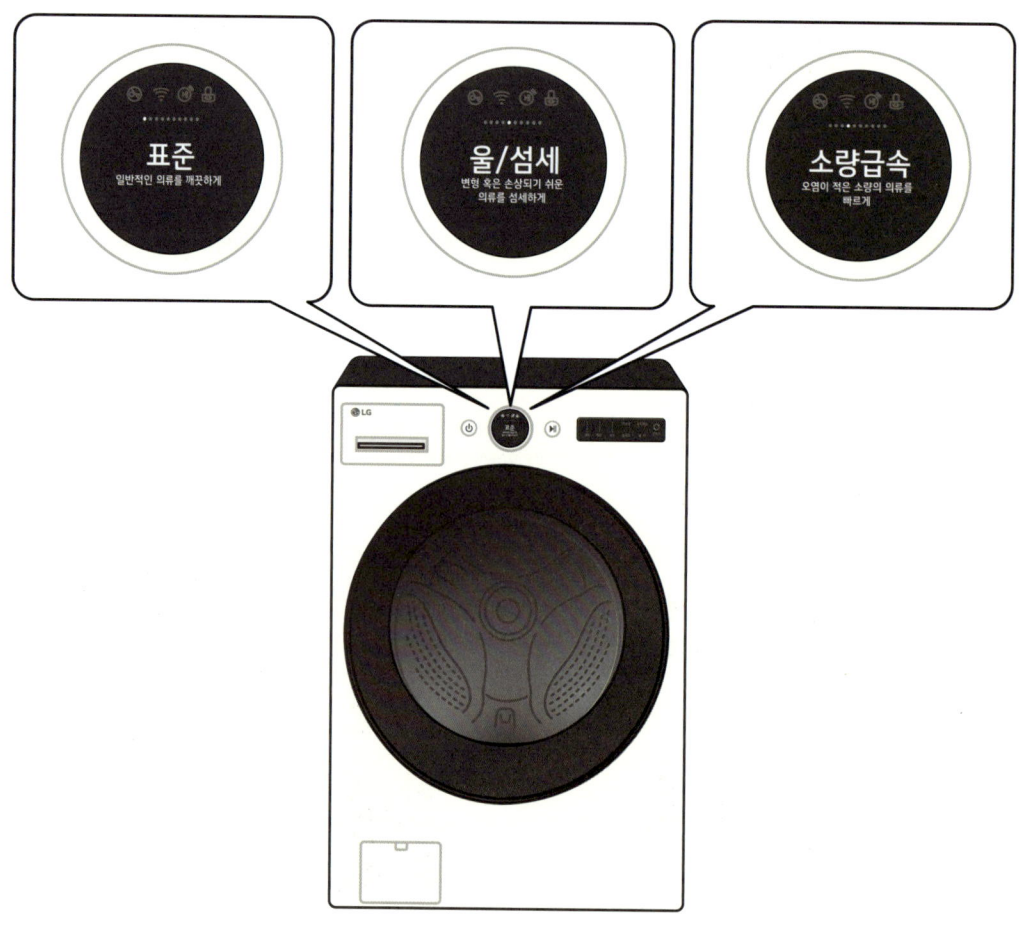

다양하게 빨래하는 방법 알아보기
: 표준

자주 입는 옷이나 매일 사용하는 수건은 '표준'으로 빨래해 보세요.
'표준'은 가장 기본적인 빨래 방법입니다.

'표준'으로 빨래하는 방법

먼저 세탁기에 옷과 세제를 넣으세요.

그리고 아래 순서대로 따라해 보세요.

① 세탁기에 있는 ⏻ 전원 버튼을 누르세요. 세탁기가 켜집니다.

② 자동으로 표준 빨래로 설정됩니다. 화면에 '표준'이 나타납니다.

③ 세탁기에 있는 ⏯ 시작/일시정지 버튼을 누르세요.

④ 표준 빨래가 시작됩니다. 화면에 남은 빨래 시간이 나타납니다.

다양하게 빨래하는 방법 알아보기
: 울/섬세

속옷처럼 부드러운 옷이나 니트처럼 잘 줄어드는 옷은

'울/섬세'로 빨래해 보세요.

표준보다 옷을 더 부드럽게 빨래해 줍니다.

'울/섬세'로 빨래하는 방법

먼저 세탁기에 옷과 세제를 넣으세요.

그리고 아래 순서대로 따라해 보세요.

① 세탁기에 있는 ⏻ 전원 버튼을 누르세요. 세탁기가 켜집니다.

② 화면에 '울/섬세'가 나올 때까지 다이얼을 돌리세요.

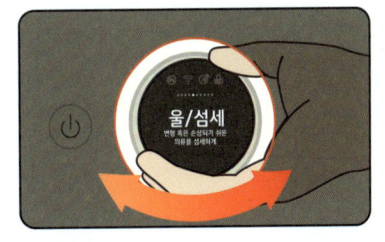

③ 세탁기에 있는 ▶∥ 시작/일시정지 버튼을 누르세요.

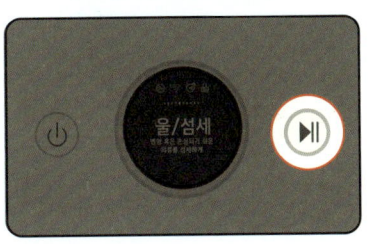

④ 울/섬세 빨래가 시작됩니다. 화면에 남은 빨래 시간이 나타납니다.

다양하게 빨래하는 방법 알아보기
: 소량급속

적은 양의 옷은 '소량급속'으로 빨래해 보세요.

표준, 울/섬세보다 더 빠르게 빨래가 끝납니다.

'소량급속'은 옷 무게가 1kg보다 가벼울 때만 이용할 수 있습니다.

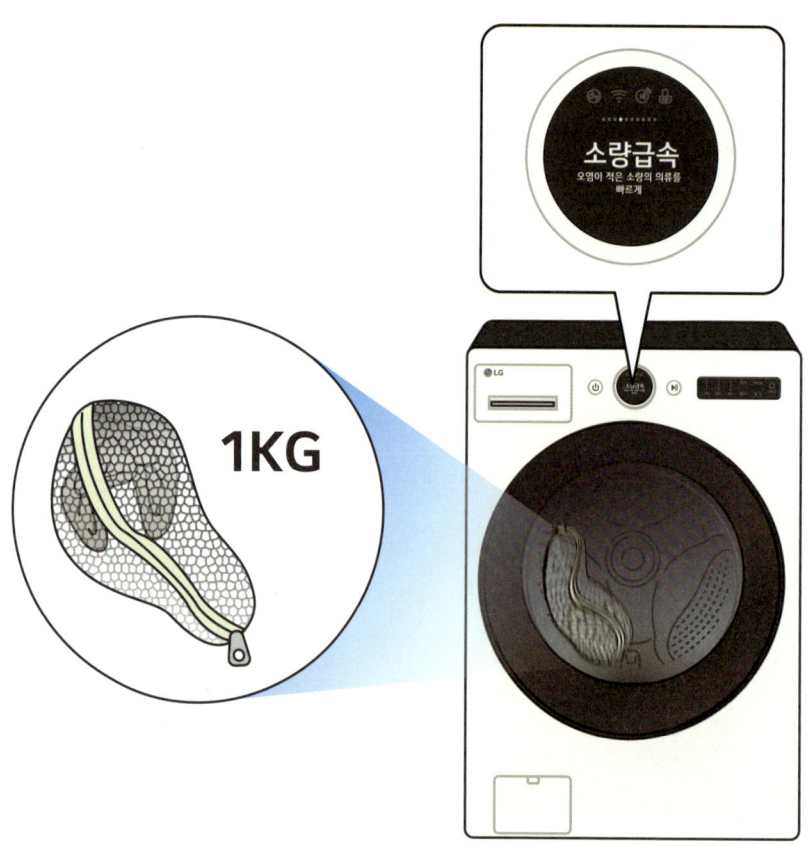

'소량급속'으로 빨래하는 방법

먼저 세탁기에 옷과 세제를 넣으세요.

그리고 아래 순서대로 따라해 보세요.

① 세탁기에 있는 ⏻ 전원 버튼을 누르세요. 세탁기가 켜집니다.

② 화면에 '소량급속'이 나올 때까지 다이얼을 돌리세요.

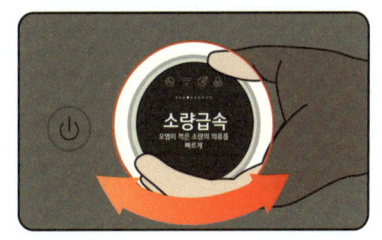

③ 세탁기에 있는 ▶❙❙ 시작/일시정지 버튼을 누르세요.

④ 소량급속 빨래가 시작됩니다. 화면에 남은 빨래 시간이 나타납니다.

세탁기를 깨끗하게 사용하기 : 스팀통살균

세탁기 안에 있는 통을 깨끗하게 청소하려면
'스팀통살균'을 이용해 보세요.
세탁기 통이 깨끗해집니다.
세탁기를 30번 정도 사용했을 때
'스팀통살균'을 이용해 보세요.

* '스팀통살균'을 이용할 때에는
　세탁기 안에 옷을 넣지 마세요.
　세제나 섬유 유연제도 넣지 마세요.

'스팀통살균'을 이용하는 방법

'스팀통살균'을 이용하려면 아래 순서를 따라해 보세요.

① 세탁기에 있는 ⏻ 전원 버튼을 누르세요. 세탁기가 켜집니다.

② 화면에 '스팀통살균'이 나올 때까지 다이얼을 돌리세요.

③ 세탁기에 있는 ▶∥ 시작/일시정지 버튼을 누르세요.

④ 스팀통살균이 시작됩니다. 화면에 남은 시간이 나타납니다.

세탁, 헹굼, 탈수 알아보기

세탁기에 세탁, 헹굼, 탈수 버튼이 있습니다.

옷에 있는 더러운 때를 지우는 걸 '세탁'이라고 합니다.

물로 옷을 헹구는 걸 '헹굼'이라고 합니다.

젖은 옷에 있는 물기를 빼는 걸 '탈수'라고 합니다.

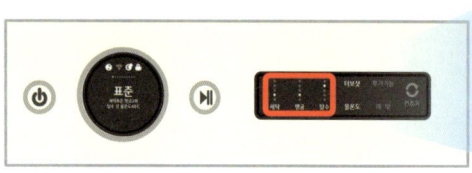 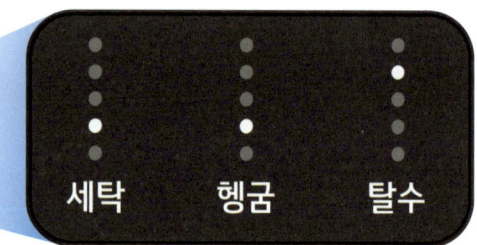

세탁, 헹굼, 탈수 버튼 알아보기

세탁, 헹굼, 탈수를 어떻게 할지 단계를 정할 수 있습니다.

세탁 버튼, 헹굼 버튼, 탈수 버튼을 눌러서 단계를 바꿔 보세요.

 옷에 있는 때를 살살 지우고 싶나요? 세탁 버튼을 눌러서 세탁 단계를 낮추세요.

옷에 있는 때를 세게 지우고 싶나요? 세탁 버튼을 눌러서 세탁 단계를 높이세요.

 옷을 한 번만 헹구고 싶나요? 헹굼 버튼을 눌러서 헹굼 단계를 낮추세요.

옷을 다섯 번 헹구고 싶나요? 헹굼 버튼을 눌러서 헹굼 단계를 높이세요.

 옷에 있는 물기를 조금만 빼고 싶나요? 탈수 버튼을 눌러서 탈수 단계를 낮추세요.

옷에 있는 물기를 많이 빼고 싶나요? 탈수 버튼을 눌러서 탈수 단계를 높이세요.

LG전자 서비스 센터

LG전자 세탁기를 사용하다가 문제가 생겼나요?

LG전자 서비스 센터에 연락하세요.

 1544-7777

서비스 센터에 전화하기 전에 세 가지를 미리 준비하세요.

세탁기에 어떤 문제가 있는지

전화를 받은 서비스 센터 직원에게 설명해야 합니다.

① 세탁기 모델명이 무엇인가요?

LG전자 세탁기마다 모델명이 있습니다.

세탁기에 있는 스티커를 보면 모델명을 알 수 있습니다.

직원에게 모델명을 알려 주면

문제를 더 빠르게 해결할 수 있습니다.

✻ 모델명은 영어와 숫자로 써있어요.

② 세탁기에 어떤 문제가 생겼나요?

직원에게 세탁기에 어떤 문제가 생겼는지 이야기해야 합니다.
세탁기에 어떤 문제가 생겼는지 이야기할 수 있도록 미리 준비해 주세요.

예

- 세탁기에 남은 시간 표시가 바뀌었어요.
- 세탁기에 거품이 많이 생겼어요.
- 헹굼이 잘 안돼요.
- 세탁기가 탈수할 때 쿵쾅거리다가 멈추고 다시 탈수를 반복해요.

③ 전화번호와 집 주소는 무엇인가요?

세탁기를 고치려고
직원이 집에 찾아올 수도 있습니다.
직원이 전화번호와 집 주소를 물어볼 수 있습니다.
전화번호와 집 주소를 미리 준비해 주세요.

· 전화번호

· 집 주소